Königsberg d. 15 May 1807

Bester Vater! Die Überreise des General
Kleist giebt mir gottlob nunmehr eine sichere
Gelegenheit, offenherzig mit Ihnen zu reden.
Gott wie lange entbehrte ich dieses Glück, und
wie viel hab ich Ihnen zu sagen. Seit der
3ten Wochen meines Krankenlagers war jeder
Tag mit einem neuen Unglück bezeichnet, deren
details nicht möglich sind, weil gottlob mein
Gedächtniß nicht hinreicht um sie aufzuzeich-
nen, und weil ein schweres Unglück wiederum
diese Erschütterungen aufgelöset [illegible] hätten.
Die glorreiche Schlacht bey Pultusk war die
erste glückliche Erscheinung nach 3 Monath
schrecklichen Leidens; die viel entscheidendere
bey Preussisch Eylau das zweite Glück, und die
Ankunft unseres theuren Freundes des
Kaysers von Russland die dritte glückliche
Epoque. Nun hab ich wieder Muth, mit der
Zunahme meiner physischen Kräfte nehmen
auch meine Seelen Kräfte und Hoffnungen
zu; die Schlacht bey Eylau war sehr wichtig
in ihren Folgen. Freylich hat man nicht allen
Vortheil davon gezogen den man hätte
ziehen können, allein die Franzosen sind
auf eine unerhörte Weise geschwächt, sie
verloren wenigstens 30 tausend Mann!

Königin Luise

Bilder und Briefe

Herausgegeben von Matthias Reiner

Insel Verlag

Insel-Bücherei Nr. 2019

Für Marie Luise

»Ich bin, ach! ein unvollkommenes Wesen«

1776 – 1793

Das Palais in der Leinestraße, in dem Luise Auguste Wilhelmine Amalie von Mecklenburg-Strelitz am 10. März 1776 geboren wurde. Preußens Luise »war eine mecklenburgische Prinzessin, wurde aber in Hannover geboren und hatte ihre Jugend südlich des Mains verbracht. Sie sprach Hochdeutsch mit hessischen Dialektanklängen« (Günter de Bruyn).

Die Mutter, Prinzessin Friederike aus dem Hause Hessen-Darmstadt (1752 – 1782): Luise war ihr sechstes Kind.

Luises Vater, Prinz Karl von Mecklenburg-Strelitz (1741 – 1816), residierte als Gouverneur des Kurfürstentums Braunschweig-Lüneburg in Hannover. Seine Schwester Sophie Charlotte war mit dem Oberhaupt des Welfenhauses, König Georg III. von Großbritannien und Irland, verheiratet.

Luise war sechs Jahre alt, als ihre Mutter 1782 nach der Geburt des zehnten Kindes starb. Sie wurde zusammen mit ihren Schwestern Therese und Friederike von ihrer Großmutter, der Großherzogin von Hessen-Darmstadt, aufgenommen. Das Bild zeigt die Prinzessinnen Therese, Luise und Friederike zusammen mit ihrer Erzieherin Salomé de Gélieu im Garten des Sommersitzes ihrer Großmutter, Schloss Braunshardt (heute in Darmstadt-Weiterstadt gelegen). »Mitten in weiter, von

Saatfeldern durchwogter Ebene« gelegen (Georg Horn), soll Braunshardt ein »Vorbild« für Paretz gewesen sein, den späteren ländlichen Rückzugsort von König Friedrich Wilhelm III. und Königin Luise.

Luises Großmutter, Marie Luise Albertine Landgräfin von Hessen-Darmstadt, »Prinzessin George«: Bei ihr fühlten sich die Prinzessinnen wohl, die Großmutter huldigte Rousseaus Erziehungsideal: »Die Natur will, dass Kinder Kinder sind.«

»Mein einziges Verdienst bei ihrer Erziehung war, dass ich Luises glückliches Naturell nicht verdorben habe«: Salomé de Gélieu (1742 – 1820), Calvinistin und Rousseau-Anhängerin aus dem westschweizerischen Neuchâtel, das seit 1707 zu Preußen gehörte. Sie leitete dort ein angesehenes Mädchenpensionat, war als Gouvernante im Dienst des englischen Hochadels bei den Familien Marlborough und Galloway tätig gewesen. Ab 1785 oblag ihr die Erziehung der neunjährigen Luise und ihrer beiden Schwestern am Darmstädter Hof. Nach der Verlobung Luises mit dem preußischen Thronfolger konnte sie nicht überredet werden, ihr als Hofdame nach Berlin zu folgen. Luise schrieb ihr in dem »Abschiedsbrief« vom 10. Dezember 1793: »Liebe, liebste Freundin, bewahren Sie mir Ihre Freundschaft, schreiben Sie mir oft und hören Sie nicht auf, mir gute Ratschläge zu erteilen, welche mir so nötig sind.«

So stellte man sich rund 100 Jahre später die beiden Prinzessinnen Luise und Friederike bei Goethes Mutter vor: Anlässlich der Krönung Kaiser Leopolds II. 1790 war die Darmstädter Landgräfin mit ihren beiden Enkeltöchtern in die Freie Reichsstadt Frankfurt gereist, um die Feierlichkeiten aus der Nähe zu verfolgen. Man nahm Quartier im Großen Hirschgraben bei Katharina Elisabeth Goethe, die von den Mädchen entzückt war. Sie erinnerte sich noch 1806 in einem Brief an ihren Sohn: »Von einer steifen Hofetikette waren sie da in voller Freiheit. Tanzend sangen und sprangen sie den ganzen Tag.«

Um ein Übergreifen und Ausbreiten der Ideen der Französischen Revolution auf das restliche Europa zu verhindern, bemühten sich die »alten« Mächte des Kontinents, der »levée en masse« militärisch entgegenzuwirken. Als das französische Revolutionsheer im Oktober 1792 Speyer, Worms und Mainz belagerte und einnahm, floh die Landgräfin mit ihren Enkelinnen zu Luises Schwester Charlotte nach Hildburghausen im Thüringischen.

An ihre Schwester Therese,
Fürstin von Thurn und Taxis
Darmstadt, den 2. Oktober 1792

Um Gottes Willen, Therese, was für eine Nachricht! das läßt einen zusammenfahren. Seit vorgestern Abend ersterbe ich vor Furcht, als die Nachricht kam, die Franzosen, so etwa 15 bis 20 Tausend, stünden vor Speyer. Gestern am Morgen hat sich diese Nachricht bestätigt, und gestern Nachmittag kam ein Kurier nach dem anderen mit den traurigsten Nachrichten: Speyer eingenommen und niedergebrannt, 1500 Mainzer und 1500 Österreicher gefallen oder gefangen genommen. Nach dem Kampf haben sie alle Soldaten mit den Offizieren über die Klinge springen lassen. (...) Falls sie in Richtung Darmstadt marschieren und falls der geringste Anschein von Gefahr besteht, ergreifen wir die Flucht. Gott weiß wohin und wann. Ich bin absichtlich vor 7 Uhr aufgestanden, um Dir schreiben zu können und Dich in Bezug auf uns zu beruhigen. In diesem Augenblick kommt Friederike von Großmama, wo sie geschlafen hat, zurück und überbringt mir eine briefliche Nachricht, die aus Mannheim kommt und beruhigendere Mitteilungen enthält. (...)

Adieu, mein geliebter Engel. Immer die, die Dich mehr liebt als sich selbst

Luise

Charlotte, Luises älteste Schwester, hatte 1785 den Herzog von Sachsen-Hildburghausen geheiratet. Sie nahm Flüchtende in ihrem Schloss (Bildmitte) in der Residenzstadt Hildburghausen im südlichen Thüringen auf.

Bei der Beurteilung der Lebensleistungen von Luises Schwiegervater, Friedrich Wilhelm II., König von Preußen von 1786 bis 1797, Markgraf von Brandenburg und Kurfürst des Heiligen Römischen Reiches, gehen die Meinungen auseinander: Vom zeitgenössischen Volksmund als verschwenderischer und frivoler »Dicker Lüderjahn« bezeichnet, nennt Sebastian Haffner Friedrich Wilhelm II. »einen sinnenfrohen und zugleich tiefreligiösen Menschen. Als Außenpolitiker ist er unternehmend und erfolgreich. Sein Preußen erreicht 1795 die bisher größte Ausdehnung.«

Die preußische Madame de Pompadour: Wilhelmine Enke (1753 – 1820), seit 1794 Gräfin von Lichtenau, war die »offizielle Mätresse« des Königs. Mit Friedrich Wilhelm II. hatte sie fünf Kinder. Luises Ehemann, Friedrich Wilhelm III., ließ die Geliebte des Vaters nach seiner Thronbesteigung verhaften und ihren Besitz einziehen.

An ihre Schwester Therese,
Fürstin von Thurn und Taxis
Den 19. Juli [1792]

... Wir werden also, wie Du zu Friederike hübsch gesagt hast, ein Stückchen Krönung sehen, und Dich, liebe, vielgeliebte Therese, vermissen wir schmerzlich wie überall, so ganz besonders bei der Krönung. Wir gehen in keine Gesellschaft, zu keinem Kurfürsten, wir nehmen an keinem Essen teil, kurz, wir werden uns in Frankfurt gar nicht aufhalten; wir werden nur einen Tag hinfahren und den Einzug ansehen und am nächsten zurückfahren, dann die Krönung ansehen und gleich darauf zurückfahren; wir werden auch nicht die Hoffestlichkeit besuchen, was mir sehr schmerzlich ist. Papa hat uns erlaubt, auf einen Ball zu gehen, wenn Fürst Esterhazy oder ein Kurfürst oder ein Gesandter einen gibt; aber Du mußt zugeben, um dahinzugehen, muß man eingeladen sein, und um eingeladen zu werden, muß man bekannt sein, und gewiß wird man sich keine Mühe darum geben, so unbedeutende Wesen wie Friederike und mich auszugraben. Ich kann Dir nicht verbergen, daß mir das ein wenig Kummer macht; aber ich bitte Dich um Gotteswillen, schreibe ja nichts davon an Papa, weil, wenn es ihm seine Finanzen erlaubten, er gewiß gerne das Vergnügen seinen Kindern machte. Er hat mir aber selbst gesagt, daß er es dies Jahr unmöglich könnte, und wer, der Papa

kennt, wer von seinen Kindern wird ihm wohl nur das Geringste empfinden lassen, daß es ihm leid tut, weil er sonst gewiß es zwingen würde und die Ordnung in seinen Affären stören würde. Papa wird uns bald verlassen und nach Pyrmont fahren, und Du weißt, wie kostspielig diese Reise immer ist. Hoffentlich befindet Dein lieber kleiner Georg [geb. 26. iii. 1792] sich weiterhin wohl und ebenso die liebe Mutter. Küsse ihn von mir und glaube mir, ich bin fürs Leben Deine treue Schwester und Freundin

Luise

Ihre zweitälteste Schwester, Therese Mathilde Amalie Herzogin zu Mecklenburg, hatte einen Millionenerben geheiratet. Luises Briefe erreichten sie im Palais der Familie des Reichspostmeisters in Frankfurt am Main, wo sie mit ihrem Ehemann, Erbprinz Karl Alexander von Thurn und Taxis, bis 1797 wohnte.

»Unwandelbar, Luise«

1793 – 1797

Der preußische König Friedrich Wilhelm II. suchte für seine beiden ältesten Söhne standesgemäße »Partien«, die dem Königshaus darüber hinaus möglichst viele gesunde Prinzen schenken sollten. Sein Schwager, Prinz Georg von Hessen-Darmstadt, machte ihn auf die beiden mecklenburgischen Prinzessinnen Luise und Friederike aufmerksam. In Frankfurt kam es zu den ersten Begegnungen. Der König: »Wie ich die beiden Engel zum ersten Mal sah, war ich so frappirt von ihrer Schönheit, daß ich ganz außer mir war.« Der Kronprinz: »Das Resultat dieses Dejeunérs war, daß sie mir beide recht wohl gefielen, und daß ich schon innerlich den Entschluß faßte, eine von ihnen, allein welche von beiden, das wußte ich noch nicht, zu wählen.« Die Umworbenen wurden nicht nach ihren Präferenzen gefragt.

An den Kronprinzen
Darmstadt, den 27. März 1793

Es wird Ihnen vielleicht auffallen, lieber Freund, daß ich viele Punkte Ihres Briefes schweigend übergehe. Wundern Sie sich darüber nicht; Papa und Großmama wollten, ich solle ihnen meinen Brief an Sie zeigen, und letztere vor allem empfahl mir besonders, Ihnen nicht zu zärtlich zu schreiben. Ein Glück, daß die Gedanken und Empfindungen zollfrei sind, dabei kann sie keine Etikette anwenden. Wissen Sie denn, lieber Prinz, die Namen Freundin, liebe Luise, all das hat mich wirklich gefreut; nennen Sie mich immer, wie Sie wollen, in meinem ganzen Leben würde es mir nicht in den Sinn kommen, das zu mißbilligen, im Gegenteil, es freut mich. Mir scheint, da wir vom ersten Augenblick unserer Bekanntschaft natürlich und ohne Scheu beisammen waren, mußte ich Ihnen den Grund sagen, weswegen in meinem Briefe ein gewissermaßen eingeschnürter Stil herrscht, der mir gar nicht natürlich ist; sonst könnten Sie glauben, ich hätte mich Ihnen gegenüber gewandelt; das ist nicht der Fall. Nein, im Gegenteil, Sie sind mir nicht gleichgültig, und meine Gefühle für Sie sind Ihnen bekannt, so brauche ich Ihnen nicht zu wiederholen, daß ich Ihnen recht herzlich gut bin. Seien Sie immer ebenso zu mir. Ich beteure Ihnen, mein Herz vermag nicht zu wechseln. (…)

Noch eines. Großmama wollte, ich solle eine Kladde für den Brief an Sie machen, weil ich nicht korrekt und orthographisch schreibe. Ich gebe zu, das ist nicht schön; aber Sie müssen auch meine Fehler kennen. Wäre ich in der Kindheit fleißiger gewesen, so wäre ich vielleicht imstande, Ihnen fehlerlos die Gefühle meines Herzens auszusprechen, (...) Haben Sie immer lieb Ihre

Luise

Wenn Sie diesen Brief in Gesellschaft erhalten, so beschwöre ich Sie, öffnen Sie ihn dort nicht, man könnte mich sonst für närrisch halten.

Am 13. Dezember 1793 fuhr die Kutsche mit den beiden Prinzessinnen aus Darmstadt ab, Luises Schwester Friederike war Ludwig, dem jüngeren Bruder des Kronprinzen, »versprochen«. Über Würzburg, Weimar und Leipzig gelangte sie am 21. Dezember nach Potsdam, wo sie die Prinzen und die schaulustige Menge erwarteten. Am nächsten Tag stieg man in einen Galawagen der Hohenzollern um, am Zielort in Berlin war Unter den Linden eine große »Ehrenpforte« errichtet worden.

Die Episode gehört zum Kanon der Luise-Anekdoten: Bei ihrer Ankunft in Berlin überreichten Kinder Blumen, die Prinzessin soll ein Mädchen umarmt und geküsst haben, worüber sich die in der Kutsche anwesende Oberhofmeisterin echauffierte. Das kolportierte Zitat Luises, »Wie, darf ich das nun nicht mehr tun?«, wurde zum Leitmotiv der »natürlichen« und volksnahen Königin.

Ihre Erinnerungen heißen »Neunundsechzig Jahre am preußischen Hofe«: Sophie Wilhelmine Charlotte Marie Gräfin von Voß, geborene von Pannwitz (1729 – 1814), diente schon unter dem Vater Friedrichs des Großen, dem Soldatenkönig Friedrich Wilhelm I., als Hofdame. Auch wenn sie anfangs »über das unziemliche Verhalten der künftigen Königin entsetzt war«: Die strenge Oberhofmeisterin verehrte Luise noch über deren Tod hinaus als »Engel«.

Berlin, Unter den Linden, um 1780, Blick vom Schloss Richtung Brandenburger Tor: Rechts vorne ist das Zeughaus zu sehen, links gegenüber das Kronprinzenpalais, Wohnsitz von Luise und Friedrich Wilhelm. Friederike residierte mit ihrem Prinzen Ludwig (»Louis«) gleich nebenan.

Johann Gottfried Schadows Meisterwerk von 1795/97 und Ikone der Luisenverehrung: das Doppelstandbild der beiden Prinzessinnen Luise (links mit Seidentuch unterm Kinn) und Friederike von Preußen, deren Maße laut Schadow »nach der Natur« genommen wurden. Der König war von dem lebensgroßen Marmorbild seiner Schwiegertöchter (die Abbildung zeigt eine Replik der Königlichen Porzellan-Manufaktur aus Biskuitporzellan) begeistert, vom Kronprinzen ist die Sentenz »Mir fatal!« überliefert, er verbannte die Plastik in ein abgelegenes Gästezimmer des Schlosses.

Friedrich Wilhelm von Preußen (1770 – 1840), hier ein Porträt des 23-jährigen Kronprinzen, war schon als Junge von seinen Eltern getrennt und von Privatlehrern erzogen worden. Die »Ausgabenfreudigkeit« seines Vaters war ihm ebenso zuwider wie dessen Mätressenwirtschaft. Während der Bedrohung Preußens durch Napoleon wollte er sich so lange wie möglich friedlich und »neutral« verhalten: Dieses Konzept erwies sich angesichts der Politik Bonapartes als nicht tauglich.

Obwohl die Ehe ohne Mitsprache der Betroffenen gestiftet wurde, entwickelte sich, dies dokumentiert der Briefwechsel des königlichen Paars, mit der Zeit ein ungewöhnlich offenes und herzliches Verhältnis. So schreibt Friedrich Wilhelm Jahre später an seine Gemahlin Luise: »Deine Gesellschaft ist mir so unerläßlich geworden, daß nichts auf der Welt mich dafür entschädigen kann. Mit einem Wort, ›er fällt um ohne mich‹, wie Du immer sagtest.«

An den Kronprinzen

Darmstadt, den 2. April 1793 um Mitternacht

Guten Abend, mein guter Freund, schlafen Sie wohl, lieber Prinz, Sie schlafen vielleicht schon, denken vielleicht an die schönsten Dinge, aber bei alledem bin ich sicher, daß Sie nicht so zufrieden sind wie ich, denn da ich das Vergnügen habe, an Sie zu schreiben, habe ich gleichzeitig zweierlei, die Annehmlichkeit, mich Ihnen auf einige Augenblicke zu nähern, zwar nur in Gedanken, aber das ist immerhin schon etwas, und dann die feste Überzeugung, daß Sie mich mit Vergnügen lesen. Das sind zwei Freuden, die ich genieße und die noch größer sein würden, wenn Sie mir ganz gewiß sagen könnten, daß ich Sie bald wiedersehen werde und wenn man es nicht dem Zufall überlassen müßte, uns zu vereinigen. Verzeihen Sie mir diese ewigen Wünsche. Sie müssen glauben, Ihre Verlobte sei eine kleine Unersättliche, die niemals zufrieden ist, aber wenn mein Herz auch zufrieden ist, kann es immer ruhig bleiben, da es Sie in ständigen Gefahren weiß? Nein, verzeihen Sie mir, ich bin Ihnen zu sehr zugetan, um Sie vom Gegenteil überzeugen zu können. (...)
Morgen ist ein Familiendiner bei dem besten aller Väter; wenn die beiden Bräute ihre Verlobten sehen könnten, wäre es zu schön! Fehlt es Ihnen vielleicht an unterhaltender Lektüre, dann bitte ich Sie, es mich wissen zu lassen, auch welche Art Sie wünschen; ich werde mein

möglichstes tun, Ihre Wünsche zu erfüllen. Vor meinen Fenstern ist ein wildes Katzenkonzert, so daß ich mich beinahe fürchte, dazu noch die Müdigkeit und die Kälte … Überlege ich, so ist es besser, mich des Vergnügens der weiteren Unterhaltung mit Ihnen zu berauben, als Sie noch länger durch ein Geschwätz zu langweilen, in dem kein Sinn mehr sein würde.

Leben Sie also wohl, lieber Prinz, denken Sie manchmal in Ihren Mußestunden an Ihre treue Freundin

Luise

Am 17. November 1797 stirbt Friedrich Wilhelm II., sein Sohn, von den Historikern und Biographen als schüchtern, gehemmt und wortkarg beschrieben, besteigt als König Friedrich Wilhelm III. den preußischen Thron: »Meine Prüfungszeit wird beginnen, und unser friedliches Glück wird ein Ende nehmen.«

Der goldene Trauring Luises mit der Gravur innen »F.W. 24t Dec: 1793«: »Die Ehe (…) war mustergültig im bürgerlichen Sinne. Man liebte nicht nur einander, sondern sagte auch du zueinander, was allen bisherigen Gepflogenheiten widersprach.« (Günter de Bruyn)

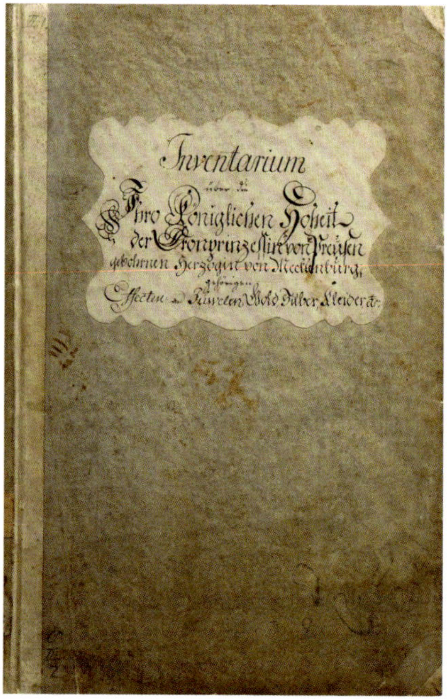

»Inventarium über die Ihro königlichen Hoheit der Cron-Prinzessin von Preußen gebohrnen Herzogin von Mecklenburg etc:etc. zugehörigen Effekten; An Juwelen, Gold, Silber, Porcelain, Spitzen, Blonden, Kleider und Weisszeug pp.« Luise erhielt von ihrem Vater eine Mitgift von 15 000 Talern, die Hochzeitskosten trug die preußische Krone. Im Ehevertrag vom 11. Dezember 1793 heißt es u.a.: »Dahingegen versprechen Wir, der Kronprinz Friedrich Wilhelm, sobald das Beilager gehalten, Unserer hochgeliebten Gemahlin (…) zu selbsteigenen Dispositionen eine jährliche Rente von sechstausend Thalern zu versichern« (…) Wenn die fürstliche Ehe, wie Wir von der Güte des Höchsten zuversichtlich hoffen, mit einem jungen Prinzen gesegnet werden sollte, wird die Morgengabs-Rente von 600 Thalern auf 1000 erhöht.«

Sänfte der Braut aus vergoldetem Holz und Messing, seitlich das Blumenmonogramm CL (Cronprinzessin Luise), vorne das preußische Staatswappen: Innen war die Sänfte mit rotem Samt bezogen.

»Glücklich zu machen, macht auch glücklich«

1797 – 1805

An ihre Schwester Therese, Fürstin von Thurn und Taxis

Den 25. Februar

Du kannst Dir schwerlich den göttlichen Vormittag vorstellen, den wir gestern erlebten. Unsere Ehemänner erwarteten uns zu Pferde mit mehreren ihrer Freunde an der großen Allee im Park. Von da ging es in raschem Trab bis zu den Zelten, wo wir aus dem Wagen stiegen und ein reizendes Déjeuner einnahmen … Nachdem wir allerhand verspeist hatten, ging ich zu Fuß mit der Gräfin Rueff, geb. Hoym, und dem Grafen Medem voran, gefolgt von den anderen Herren zu Pferde, und wir promenierten zwei Stunden lang durch den enorm ausgedehnten Park. Während ich Dir millionenfach herzlich für die reizenden Hüte danke, möchte ich Dir sagen, daß ich mich gestern mit dem grünen Hute geschmückt hatte, und sie alle wollten von mir wissen, woher ich diesen reizenden Hut bezogen hatte. Darin spüre ich Deine Güte, mein Engel, so wie ich es schon seit meiner zartesten Kindheit gewöhnt bin. Mit der nächsten Postkutsche schicke ich Dir ein Halstuch, Armbänder und ein Halsband aus rotem Leder (roter Saffian). Ich hoffe, daß das etwas Neues für Dich ist; jedenfalls ist das alles erst vor einer Woche neu aus London gekommen.

(…) Mach Dich darauf gefaßt zu erfahren, daß ich bald sterben werde, denn seitdem ich mit diesem Brief begann,

habe ich immer nur getanzt, und bis zu meinem Geburtstag finden noch sieben Bälle statt. Diese Lebensweise ist unglaublich anstrengend und ich achte nicht auf meine Gesundheit. Was das Tanzen angeht, so weißt Du, daß die Mecklenburger sich darauf verstehen und daß es sehr schwierig ist, sie völlig fertig zu machen. Gestern waren wir zum Konzert beim König [Friedrich Wilhelm II.], der immer äußerst gütig zu mir ist. Gottseidank ist heute ein Ruhetag; am Abend gehen wir ins Theater, das sehr gut ist. Morgen ist Ball bei der Königinwitwe [Elisabeth Christine], übermorgen große Gesellschaft bei mir, Freitag Ball bei dem Grafen Alvensleben, für den Sonnabend ist Gottseidank noch nichts festgelegt, und das wird ein Ruhe- und Theatertag sein. Du mußt wissen, daß in der vergangenen Woche am Donnerstag bei mir Ball bis morgens 5 Uhr war, am Freitag Tanz bei Alvensleben, am Sonnabend bei Podewils und am Sonntag bei dem König. Da kann man wirklich seine Seele verlieren und sein Testament machen.

Luise

Prinz Louis Ferdinand von Preußen (1772 – 1806), Generalleutnant, begnadeter Musiker und Komponist, »Apoll«: »Wenn er erschien in der sehr schönen und prächtigen Uniform seines Regimentes, sei es zu Fuß, sei es zu Pferde – und nie auf einem anderen als dem allerschönsten –, so war es nicht anders, als wenn der vornehmste Herr in der Welt, der schönste und der Kriegsgott selbst sich sehen ließ. Bei allen diesen Eigenschaften war es kein Wunder, daß er der Liebling aller Frauen war, was er gehörig zu benutzen verstand«. (Friedrich August Ludwig von der Marwitz) Louis Ferdinand machte Luise und Friederike den Hof, sorgte dort für erhebliche Verstimmung: »Ich kann die Freundschaft mit ihm nicht gutheißen«, notierte die strenge Oberhofmeisterin Voß in ihren Aufzeichnungen. Der Prinz, der Friedrich Wilhelms III. Appeasement-Politik gegenüber Napoleon ablehnte, fiel, noch keine 34 Jahre alt, 1806 bei Saalfeld, kurz vor der Schlacht bei Jena und Auerstedt.

An den Kronprinzen
Sanssouci den 16. Mai 1794

Der gestrige Tag war grausam; jedesmal, wenn ich wieder in unser Schlafzimmer trat, blieb ich wie angewurzelt auf der Stelle stehen, wo Du mich, ach, zum letzten Male, umarmt hattest. Das Diné verlief düster und traurig. Am Nachmittag habe ich an Deinem Strumpf gestrickt und bin hinauf in mein Zimmer gegangen, wo immer dieselbe Scene sich abgespielt hat, im Schlafzimmer; ich habe ganz laut auf der Stelle geweint und konnte mich gar nicht trennen. Nach dem Thee, gegen 7 Uhr, bin ich im Garten spazieren gegangen, nur, weil ich Dir versprochen habe, es täglich zu tun, und um Dir Freude zu machen und zum Besten unseres armen Kindes. Wie alles Übrige, so war auch dieser Spaziergang schrecklich traurig, weil ich noch vorgestern genau um dieselbe Zeit dort mit Dir gegangen war. Nach dem Abendessen ging ich wieder hinauf in mein Zimmer, aber, welch ein Unterschied gegen die früheren Abende; als ich dann Dein flaches leeres Bett sah, geriet ich ganz außer mir. Ich habe die ganze Nacht kein Auge zugemacht, und mehrmals habe ich die Hand nach Dir, Engel meiner Seele, ausgestreckt, ach! vergeblich, denn der, den meine Seele suchte, war nicht mehr da. Fühlst Du wohl die Bitterkeit dieser schrecklichen Nacht? Dazu kommt noch, daß die Fliegen mich so gestochen haben, daß mein ganzes Gesicht ent-

stellt ist; es ist übersät mit Flecken. (...) Friederike läßt Dir viele zärtliche Empfehlungen sagen und bittet Dich dringend, mit Deinem Bruder öfters über sie zu sprechen, damit sich sein Geist immer öfter mit ihr beschäftigt, damit er sie mehr lieben möge. Ihre letzten Gespräche gefallen mir nicht. Er hat sie merken lassen, daß er eine gewisse Person noch immer liebt, worüber sie außer sich ist, denn sie betet Louis an.

Luises Lieblingsschwester Friederike: »Jeder will sie haben, wer sie sieht, ist in sie verliebt.« (Gräfin Voß). Nur der Bruder des Kronprinzen, mit dem sie verheiratet wurde, zeigte wenig Interesse an »Ika«. Nach seinem frühen Tod 1796 wurden der Witwe »Affären« nachgesagt. Als sie Ende 1798 ein uneheliches Kind erwartete, reagierte der König umgehend: Friederike wurde mit dem mutmaßlichen Kindsvater, dem Prinzen Friedrich von Solms-Braunfels, verheiratet und in die Provinz verbannt, ihren Sohn musste sie in Berlin zurücklassen (siehe auch Luises Brief vom 11. Januar 1799).

Im von Georg Wenzeslaus von Knobelsdorff erbauten Potsdamer Stadtschloss hielten sich Friedrich Wilhelm III. und seine Frau häufig auf, es war wegen seiner Rokoko-Innenausstattung berühmt. Das Foto zeigt das Schreibkabinett von Königin Luise, die Aufnahme ist vor 1940 entstanden. Das Schloss wurde bei Luftangriffen auf Potsdam im April 1945 schwer beschädigt, 1959/60 gesprengt und abgetragen. Der zumindest äußerlich dem historischen Schloss nachempfundene Neubau ist heute Sitz des Brandenburgischen Landtags.

Schlafzimmer der Königin Luise im Neuen Flügel von Schloss Charlottenburg, Berlin

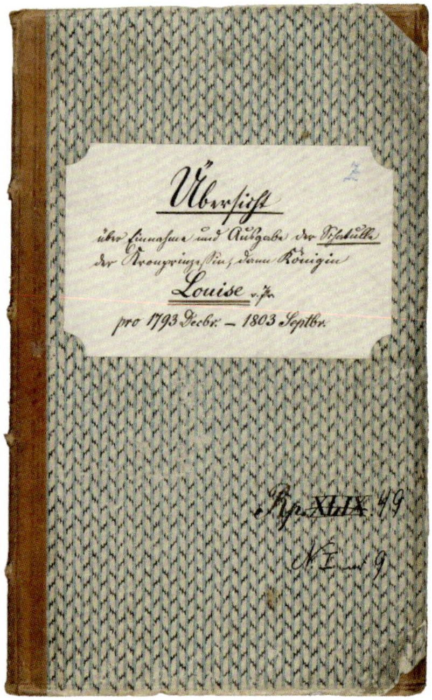

»Übersicht über Einnahmen und Ausgaben der Schatulle«, sogenanntes »Schatullbuch« der Königin Luise, Dezember 1793 – September 1804: Die Rechnungsbücher enthalten Ausgaben der Königin für Kleider, Hüte, Strümpfe, Schuhe, Geschenke, Tapeten usw. Luise war an Garderobe- und Modefragen sehr interessiert, dies spiegelt sich auch in ihren Briefen an Verwandte und Freunde – und an ihren Ehemann.

Luises Vater wurde 1794 nach dem Tod des Regenten Adolf Friedrich Herzog von Mecklenburg-Strelitz.

An ihren Vater

Sanssouci, den 5. Juni 1794

Geliebter Vater!

Erlauben Sie, lieber Vater, daß ich Sie als eine der ersten zu dem eingetretenen Ereignis beglückwünsche. Sie werden jetzt noch viel mehr als bisher Ihren Drang, Gutes zu tun, befriedigen können, und dazu beglückwünsche ich Sie wirklich. Im übrigen, glaube ich, lieber Vater, macht Regieren nicht sehr glücklich, es ist immer eine harte Last. Ich denke, Sie werden heute abend in Strelitz ankommen, es wird Ihnen sicher sonderbar zu Sinn werden, wenn Sie in das Land eintreten, das Sie bisher als fremd angesehen haben und nun plötzlich als Ihr eigen betrachten. Wenn Sie einen Augenblick Zeit übrig haben, lieber Vater, antworten Sie mir bitte, ob der Besuch von Friederike und mir Ihnen angenehm wäre. Auf jeden Fall habe ich am 3. Juni an den König geschrieben und ihm den Tod meines Onkels angezeigt und anschließend um die Gnade gebeten, daß wir einige Zeit bei Ihnen, lieber Vater, zubringen dürften. Ich wage auch noch die Frage, ob meine beiden lieben Brüder, Georg und Carl, Ihnen bald nach Strelitz folgen werden, oder was Sie für diese beiden geliebten Wesen planen. Ich hoffe, der König wird den Schwarzen Adlerorden des verstorbenen Herzogs an Georg senden, wenigstens wäre das nur gerecht, da er noch nichts für ihn getan hat. (…)

Ich beehre mich mit tiefster Ehrerbietung, lieber Vater, als Ihre sehr ergebene und sehr gehorsame Dienerin und Tochter.

Luise

»Facade des Herrschaftlichen Wohnhauses nach der Hofseite«: Eine auf den ersten Blick so »bescheidene« Sommerresidenz eines preußischen Königs hatte es bislang nicht gegeben. Friedrich Wilhelm III., dem »Privaten« sehr zugetan, ließ sich von David Gilly ab 1797 in dem Dörfchen Paretz an der Havel (westlich von Berlin) ein »Herrenhaus« bauen: »Nur immer denken, daß Sie für einen armen Gutsherrn bauen.« Ein Vorbild könnte Schloss Steinhöfel im Oder-Spree-Kreis gewesen sein, das Gilly für den Hofmarschall Valentin von Massow entworfen hatte. Das Kronprinzenpaar hatte Steinhöfel 1797 besucht und war von der Anlage begeistert. Nach dem frühen Tod der Königin ließ der Witwer das Paretzer Idyll samt Musterdorf und Kirche zur Gedenkstätte für Luise umfunktionieren.

Das Schlösschen war einerseits klein, kaum für Repräsentationszwecke geeignet, außen schmucklos, innen jedoch mit einfachen, aber handwerklich exquisiten Möbeln, gemalten und bedruckten Papiertapeten ausgestattet. Nach dem Zweiten Weltkrieg verschwanden große Teile der Inneneinrichtung, das Schloss wurde anderen Verwendungen zugeführt (u.a. Bauernhochschule »Edwin Hoernle«, VVB Tierzucht mit entsprechenden baulichen »Veränderungen«). Heute ist es eine »Perle« der Liegenschaften der Stiftung Preußische Schlösser und Gärten – vorbildlich restauriert, selbst die spektakulären Tapeten sind wieder zu sehen.

Ihrem Bruder Georg schrieb Luise 1808: »Ich bitte Dich deshalb, mir einen wattierten Überrock zu schicken, wie er jetzt in Paris Mode ist zum Spaziergehen, zusammen mit einem passenden Hut.« Im Pfaueninsel-Schlösschen haben sich einige der Hüte der Königin erhalten. Das hier abgebildete Modell, das Hut und Haube zu kombinieren scheint, ist aus Span gefertigt, versehen mit grünem Voile-Schleifentuff und Kinnband.

Elisabeth-Louise Vigée-Lebrun, Königin Luise von Preußen, 1802, Öl auf Leinwand, Burg Hohenzollern, Hechingen

Luise gebar zwischen 1794 und 1809 zehn Kinder, von denen sieben das Erwachsenenalter erreichten. Der erste Sohn bestieg als Friedrich Wilhelm IV. nach dem Tod seines Vaters den preußischen Thron, Prinz Wilhelm folgte ihm 1858 als König nach und wurde 1871 in Versailles zum Deutschen Kaiser gekrönt, die Tochter Charlotte heiratete 1817 Zar Nikolaus I. von Russland. Das Bild von Heinrich Anton Dähling, 1806, zeigt Friedrich Wilhelm III. und seine Frau Luise im Kreis ihrer Kinder, links neben Luise die Töchter Charlotte und Alexandrine, an der Hand des Königs der Kronprinz Friedrich Wilhelm, daneben Wilhelm und Carl.

Vergoldetes Toilette-Service Luises, auch Schminkutensilien haben sich erhalten. Dem König, der für diese Art Verschönerung offensichtlich wenig übrig hatte, schrieb sie im April 1797: »Um Dich dafür zu bestrafen, daß Du Sonnabends so viel Champagnerwein trinkst, teile ich Dir mit, daß ich mich für die ganze Zeit meines Aufenthaltes in Potsdam schminken lassen werde, und wenn ich erfahre, daß Du kommenden Sonnabend auch noch soviel trinkst, werde ich es auch in Paretz so machen.«

Luises Bruder Georg Erbprinz von Mecklenburg-Strelitz (1779 – 1860), er folgte seinem Vater 1816 als Großherzog von Mecklenburg nach.

An ihren Bruder Georg

Berlin, den 11. Januar 1799

Sie ist fort! ja, sie ist auf ewig von mir getrennt. Sie wird nun nicht mehr die Gefährtin meines Lebens sein. Dieser Gedanke, diese Gewißheit umhüllen dermaßen meine Sinne, daß ich auch gar nichts anderes denke und fühle. Ach Gott! helfe mir diese schwere Trennung tragen sowie auch die Ursachen, die sie veranlaßten. Der Himmel allein weiß, was ich die Zeit über litt, und wie viel Tränen heimlich des Nachts mein Lager netzten. O! wie gerne will ich dieses alles erduldet haben und mit Freuden noch einmal (dieses ist zwar schrecklich) so viel auf mich laden, hätte ich nur die Gewißheit, daß ihre Zukunft heiter und glücklich wäre. Ach! lieber George, wie viel Prüfungen sind wir unterworfen, und wie unbegreiflich sind die Ratschlüsse Gottes! Das unumschränkte Vertrauen, was ich zu Gott habe, der Glaube an seine Liebe erhält mich, daß ich nicht ganz kleinmütig werde. Wenn ich mir vorstelle, daß Friederike unglücklich werden könnte, so recht elend und gequält, so kann ich Augenblicke haben, wo ich ganz verzweifelt und trostlos bin. Ach, gütige Vorsehung, verhindere dies. Es wäre mein Tod, das fühl' ich, so wahr ich lebe. O lieber George, ich kann nicht mehr.

Luise.

An Friedrich Wilhelm iii.
Paretz, den 10. September 1799

Allerdurchlauchtigster, Großmächtigster König und Herr!
Unter den vielen Bittschriften, die Ihre Königliche Majestäten täglich bekommen, möge doch der Herr wollen, daß diese mit einem gnädigen Blick beleuchtet werde, damit meine alleruntertänigste, demütigste, wehmütigste Bitte nicht unbefriedigt bleibe. Hierbei liegende Strümpfe sollen als Probe meiner Geschicklichkeit in der Strickerkunst zum Beweise dienen und mir hoffentlich mein Gesuch zu erlangen helfen, es besteht nämlich darin: »daß Ihro Majestäten die Gnade für mich hätten und mir zukünftig alle dero Strümpfe stricken ließen und mir dabei den Titel als wirkliche Hofstrickerin allergnädigst erteilen ließen«
Diese hohe Gnade würde ich all mein Leben in tiefster Untertänigkeit erkennen und mit dankbarem Herzen ersterben. Ew. Königl. Majestät als aller untertänigste Magd und Untertanin

Luise.

Untertänigstes Postskriptum. Ist noch zu bemerken, daß jede Masche, so ich knütten würde, von Dankbarkeit durchdrungen wäre.

»Wenn nicht ein Wunder uns rettet«

1805 – 1809

An Friedrich Wilhelm III.
[30. März 1800]

Lieber Freund! Unser armes Kind lebt nicht mehr seit einigen Minuten. Mein Herz ist zerrissen. Sie hat nicht mehr gelitten und ist gestorben, wie Du sie verlassen hast, nämlich immerfort schlafend. Mehr kann ich Dir nicht darüber sagen. Wenn meine Gesundheit es erlaubt, werde ich morgen abend in Potdsam sein. Ich bin wohl, aber in Tränen, das Herz von Schmerz und Traurigkeit durchbohrt. Leb wohl, mein lieber Freund, verändere Dich nie mir gegenüber, das wird immer mein Trost und mein Glück sein. Unwandelbar

Luise

30. März 1800: Tod der am 14. Oktober 1799 geborenen Prinzessin Friederike.

Napoleon Bonaparte (1768 – 1821) veränderte auch die Landkarte Preußens und sorgte für die größte Zäsur im Leben Luises. Preußens Armeen, deren Strukturen sich seit der Zeit Friedrichs des Großen kaum verändert hatten, waren dem französischen Gegner weder strategisch-taktisch noch militärtechnisch gewachsen.

Im Juni 1802 traf Zar Alexander I. von Russland in Memel und Tilsit das preußische Königspaar, für Luise eine besondere Begegnung: »Er ist wunderbar gut gebaut und von sehr stattlicher Erscheinung. Er sieht aus wie ein junger Herkules.« Nach

der Einnahme Berlins durch die französischen Truppen ließ Napoleon die schwärmerischen Briefe der Königin an Alexander veröffentlichen, um sie zu kompromittieren.

An ihre Tochter Charlotte

[Anfang August 1801]

Meine gute Charlotte. Ich sende Dir hierbei einen Taler. Glaube nicht, daß ich damit die reizende kleine Girlande bezahlen will, die Du mir geschickt hast und die mir soviel Vergnügen macht. Man kann nicht bezahlen, was Liebe uns darbietet, diese Liebe, die Dich diese Girlande winden ließ und dabei denken: »sie wird Mama Vergnügen machen, und ich mache Mama so gern Vergnügen«. Sondern ich sende Dir diesen Taler, damit Du heute das Vergnügen haben kannst, einem Armen zu helfen und dafür zu sorgen, daß ein Familienvater mit Frau und Kind vielleicht einmal eine gute Suppe essen und sich sättigen kann. Ich weiß, daß der Gedanke, andern Gutes zu tun, ein wahrer Genuß für Dein gutes kleines Herz ist, und ich bin erfreut, ihm indirekt diesen Genuß verschaffen zu können.
Deine zärtliche Mutter und Freundin

Luise

Petschafte und Ringe zum Versiegeln der umfangreichen Korrespondenz der Königin

An Friedrich Wilhelm III.

Mockerau, den 2. Juni 1802

Lieber Freund, ich habe schon so oft mit Dir von meinen Geldangelegenheiten gesprochen, allein nie hat sich's treffen wollen, daß Zeit und Gelegenheit von meiner Seite recht gewählt wurden, so daß Du Muße gehabt hättest, die Sache recht zu überlegen. Ich werde mir Mühe geben, Dir alles recht deutlich auseinanderzusetzen, um Dich zu überzeugen. Alsdann kann natürlich nichts anderes als eine gerechte und gute Resolution für mich daraus folgen.

Die erste Königin von Preußen bekam Nadelgelder, 12 000 Thaler. Dieses bekömmt die jetzt regierende auch. Alle Gehalte von jedem Diener sind seit der Zeit erhöht worden, nur die Nadelgelder der Königin nicht. Dazumal waren 12 000 Rth. viel, jetzt ist wenig, sehr wenig. Alles ist teurer. Alle Pretentionen gestiegen. Die Geschenke die ich geben muß, sehr viele und sehr hoch im Preise, und in gar keiner Proportion mit meinen Revenuen. Daher, daß ich nicht auskommen kann und mit dem besten Willen Schulden machen muß. Ende vorigen Jahres nahm ich ein Capital auf, weil ich erfuhr, daß man darüber sprach, daß so wenig Leute bezahlt würden. Zu dem Ende, um das Capital abzubezahlen, assignirte ich 100 Fr'dor aus meiner Chatulle monatlich; bleiben mir also nun nur 100 übrig. Bis nun meine Pensionen bezahlt sind, behalte ich nichts übrig, um meine übrigen Ausgaben zu bestreiten.

Ich komme also nun tiefer und tiefer in's Verderben, wenn Deine freundschaftliche Hand mich nicht herausziehet. Mein Wunsch gehet dahin, Du möchtest mir 1000 Thaler von Deiner Chatulle monatlich zulegen, alsdann hoffe ich, wenn ich mein aufgenommenes Capital erst einmal bezahlt habe, (wozu strenge économie ein paar Jahre gehört) reichlich oder wenigstens auszukommen. Wo nicht, so bin ich wirklich autorisiert, Schulden zu machen, da ich meinen Namen soutenieren muß, ohne gehörigen Fonds zu haben. Ich hoffe also von Deiner Freundschaft und Gerechtigkeit und bin ewig Deine treue

Luise

Karoline Friederike Gräfin von Berg, geb. Haeseler (1760 – 1826), führte in ihrem Haus in der Wilhelmstraße 70 einen Salon, war mit Goethe, Herder, den Humboldts, Freiherr vom Stein bekannt und wurde als Hofdame Luises engste Vertraute und »Sympatique« – der König sah es mit Missvergnügen und »wünschte den Umgang mit Frau von Berg einzuschränken« (Paul Bailleu). Luise gestand ihr u.a. ihre Neigung zu Zar Alexander I., die Berg begleitete die Königin bei ihrer Flucht aus Berlin und schrieb nach ihrem Tod die erste Biographie Luises.

Ihr Salon befand sich in der Potsdamer Lindenstraße: Marie von Kleist, geb. Gualteri (1761 – 1831), ebenfalls Hofdame und Vertraute der Königin. Luise bat sie: »Lassen Sie es sich nicht einfallen, anders zu mir zu kommen als mit einem dicken Buche.« Friedrich Wilhelm stand den kulturellen Bemühungen seiner Frau insgesamt skeptisch gegenüber. Die Königin schrieb Marie, er hätte Sorge, »daß ich mich ändern könnte und daß ich ihn weniger erträglich fände, wenn ich mehr Bildung hätte«.

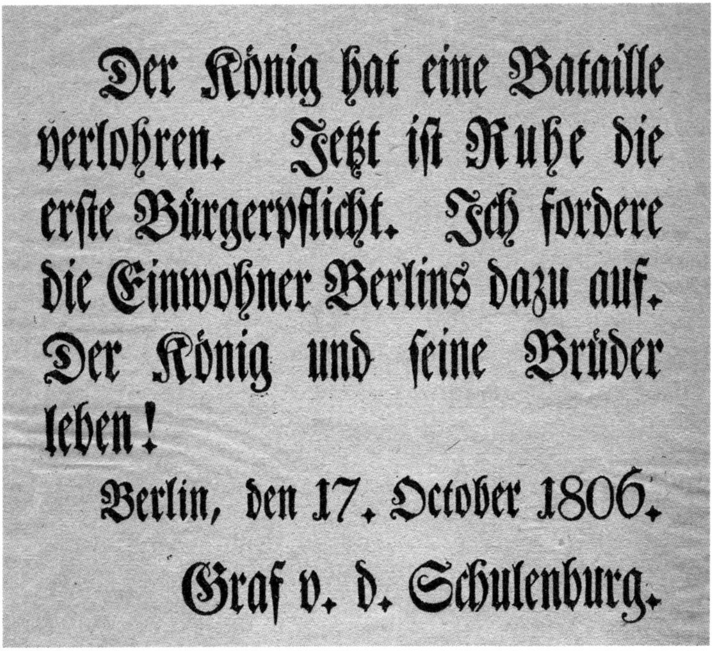

Der König hat eine Bataille verlohren. Jetzt ist Ruhe die erste Bürgerpflicht. Ich fordere die Einwohner Berlins dazu auf. Der König und seine Brüder leben!

Berlin, den 17. October 1806.

Graf v. d. Schulenburg.

»Der König hat eine Bataille verlohren.«: Das Plakat vom 17. Oktober 1806 war eine propagandistische Untertreibung. Bei der Doppelschlacht von Jena und Auerstedt am 14. Oktober 1806 sollen 20000 preußische Soldaten getötet und weitere 18000 gefangen genommen worden sein. Napoleon schrieb an Kaiserin Josephine: »Gestern habe ich einen großen Sieg errungen. Ich stand dem König von Preußen ganz nahe gegenüber; um ein Haar hätte ich ihn und die Königin gefangen genommen.«

Eine zeitgenössische Karikatur: Schadows Siegesgöttin Viktoria, von einer Quadriga gezogen und von ihrem erhöhten Platz auf dem Brandenburger Tor Richtung Stadtschloss blickend, wurde auf Geheiß Napoleons 1806 nach Paris verbracht, um dort ausgestellt zu werden. Die Truppen General Blüchers brachten die Plastik 1814 nach Berlin zurück, die Berliner nannten das »Retourkutsche«.

Als die französischen Truppen am 24. Oktober 1806 in Berlin einzogen, befand sich Luise bereits auf dem Weg nach Ortelsburg/Masuren (heute: Szczytno). Die Flucht führte sie und ihre Familie danach weiter nach Königsberg, schließlich, die Königin war an Typhus erkrankt, über die winterliche Kuri-

sche Nehrung im Januar 1807 in den äußersten Nordosten des preußischen Staatsgebiets nach Memel: »Ich will lieber in die Hände Gottes als dieser Menschen fallen.«

An ihren Vater

[Königsberg, April 1808]

Bester Vater!

Mit uns ist es aus, wenn auch nicht für immer, doch für jetzt. Für mein Leben hoffe ich nichts mehr. Ich habe mich ergeben, und in dieser Ergebung, in dieser Fügung des Himmels bin ich jetzt ruhig und in solcher Ruhe, wenn auch nicht irdisch glücklich, doch, was mehr sagen will, geistig glückselig. Es wird mir immer klarer, daß alles so kommen mußte, wie es gekommen ist. Die göttliche Vorsehung leitet unverkennbar neue Weltzustände ein, und es soll eine andere Ordnung der Dinge werden, da die alte sich überlebt hat und in sich selbst als abgestorben zusammenstürzt. Wir sind eingeschlafen auf den Lorbeeren Friedrichs des Großen, welcher, der Herr seines Jahrhunderts, eine neue Zeit schuf. Wir sind mit derselben nicht fortgeschritten, deshalb überflügelt sie uns. Das siehet niemand klarer ein, als der König. Noch eben hatte ich mit ihm darüber eine lange Unterredung, und er sagte in sich gekehrt wiederholentlich: das muß auch bei uns anders werden. Auch das Beste und Überlegteste mißlingt, und der französische Kaiser ist wenigstens schlauer und listiger.

(...)

Meine Sorgfalt ist meinen Kindern gewidmet für und für, und ich bitte Gott täglich in meinem sie einschlie-

ßenden Gebete, daß er sie segne und seinen guten Geist nicht von ihnen nehmen möge. Mit dem trefflichen Hufeland sympathisiere ich auch in diesen Stücken. Er sorgt nicht bloß für das physische Wohl meiner Kinder, auch für das geistige derselben ist er bedacht; und der biedere, freimütige Borowsky, den der König gern sieht und lieb hat, stärkt darin. Erhält Gott sie uns, so erhält er meine besten Schätze, die niemand mir entreißen kann. Es mag kommen, was da will, mit und in der Vereinigung mit unsern guten Kindern werden wir glückselig sein.

Ich schreibe Ihnen dies, geliebter Vater, damit Sie mit Beruhigung an uns denken. Ihrem freundlichen Andenken empfehle ich meinen Mann, auch unsere Kinder alle, die dem ehrwürdigen Großvater die Hände küssen; und ich bin und ich bleibe, bester Vater, Ihre dankbare Tochter

Luise

Jean Charles Tardieu, Napoleon I. empfängt Königin Luise in Tilsit am 6. Juli 1807, Ölgemälde von 1808, Schloss Versailles. Der »Bittgang« von Tilsit schuf das nachhaltig wirkende Bild der sich als Frau und Patriotin aufopfernden »preußischen Madonna«: Die Berater des Königs drängten ihn, seine Frau als Unterhändlerin für einen günstigeren Friedensschluss mit Na-

poleon einzusetzen. Der französische Kaiser zeigte sich aber in der Sache unnachgiebig: »Es würde mich teuer zu stehen kommen, den Galanten zu spielen.« Über Luise urteilte er günstiger: »Sie ist eine Frau von Geist und Haltung – ihrem Gemahl ist sie weit überlegen.«

An Alexander I.

[Königsberg], den 8. September 1808 [Briefentwurf]

Die unwandelbare Freundschaft für Sie, die ich im tiefsten Herzen hege, und das rührende Zeugnis von Ihren fortdauernden Gefühlen, das ich gerade durch einen Brief mit dem Stempel Ihres Geistes, einen nur Feingefühl und Güte atmenden Brief, empfangen habe, – das gibt mir den Mut, diese Zeilen an Sie zu richten. Bei jedem anderen Menschen, weiß ich, hieße das viel gewagt; denn ich hätte kein Recht, so zu Ihnen zu sprechen, wenn nicht jene zärtliche Freundschaft, jenes aufrichtige, unerschütterliche Interesse, das Sie stets in mir erweckt haben, mich veranlaßte, die Qual meiner Gedanken und meines Herzens auszusprechen.

Sie werden also Napoleon wiedersehen, diesen Mann, der Ihnen, wie ich weiß, ebensolchen Schrecken einflößt wie mir, diesen Mann, der die Sklaverei aber will; und die er nicht gleich knechten kann, die will er zu Schritten verleiten, um ihnen das Gut abwendig zu machen, das er nie besessen hat: die öffentliche Meinung. Ich beschwöre Sie, lieber Vetter, mit aller Innigkeit, deren meine Freundschaft fähig ist, seien Sie auf der Hut vor diesem gewandten Lügner, und hören Sie auf meine Stimme, die nur für Sie spricht, für Ihren Ruhm, mir teuer wie der meine: Lassen Sie sich nicht zu Unternehmungen gegen Österreich hinreißen. Ich bin gewiß, er wird von Ihnen eine Erklärung gegen die Österreicher wollen. In Gottes Namen, tun Sie das nicht! Sie würden ein in dieser jeder Hinsicht nicht wieder gut zu machendes Unrecht tun. Ich weiß, Sie haben seit dem letzten Kriege gerechte persönliche Klagen gegen den Kaiser von Österreich. Vergessen Sie das. Seien Sie groß, verzeihen Sie, vergessen Sie das Persönliche und denken Sie an die Rettung Europas. (...) Hören Sie auf meine Stimme, die Stimme einer Freundin, wie Sie auf der Welt keine zweite haben. Möchte diese Zusammenkunft Sie recht zur Erkenntnis der Welt führen; weisen Sie jene teuflischen Pläne ab; geben Sie ihm Gesetze, die durch Humanität diktiert sind und die Unglücklichen erheben. Die Welt urteilt nur nach Erfolgen.

Luise

»Traité de Tilsit« im Zeichen Napoleons: Für Preußen bedeutete das Abkommen von Tilsit 1807 die Halbierung des bisherigen Staatsgebiets, hohe Reparationszahlungen, Verringerung des preußischen Heers auf 42 000 Soldaten, im Gegenzug verpflichtete sich Frankreich zum Abzug seiner Truppen aus Preußen (mit Ausnahme einiger Festungsstädte).

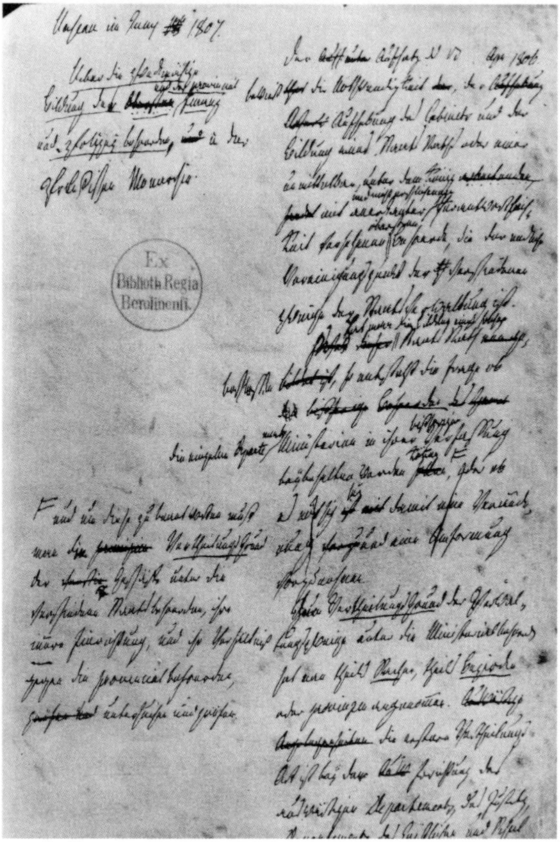

Der militärische Zusammenbruch und die hohen Kontributionen an Frankreich zwangen Friedrich Wilhelm III. zu Reformen. 1807 verfasste Karl Reichsfreiherr vom und zum Stein die »Nassauer Denkschrift«, in der er eine umfassende Verwaltungsänderung forderte, und zwar vom Staatskabinett bis zur Provinzialbehörde. Stein war zuvor Finanz- und Wirtschaftsminister in Berlin gewesen und betrieb zusammen mit Karl August von Hardenberg die preußische »Revolution von oben«.

Der Thüringer Christoph Wilhelm Hufeland (1762 – 1836) war Leibarzt der Königsfamilie, begleitete Luise auf der Flucht nach Königsberg und Memel. Sein in mehrere Sprachen übersetztes Hauptwerk (1796) trägt den Titel »Makrobiotik, oder die Kunst, sein Leben zu verlängern«. Der Reformer des Gesundheitswesens hatte als Direktor der »Charité« Hygiene-Gesetze erlassen, u.a. die Pockenschutzimpfung, das erste Leichenschauhaus und die erste Poliklinik begründet, staatliche Armenfürsorge befürwortet. Auch Goethe und Schiller gehörten zu seinen Patienten. Seine Grabstätte befindet sich auf dem Dorotheenstädtischen Friedhof in Berlin.

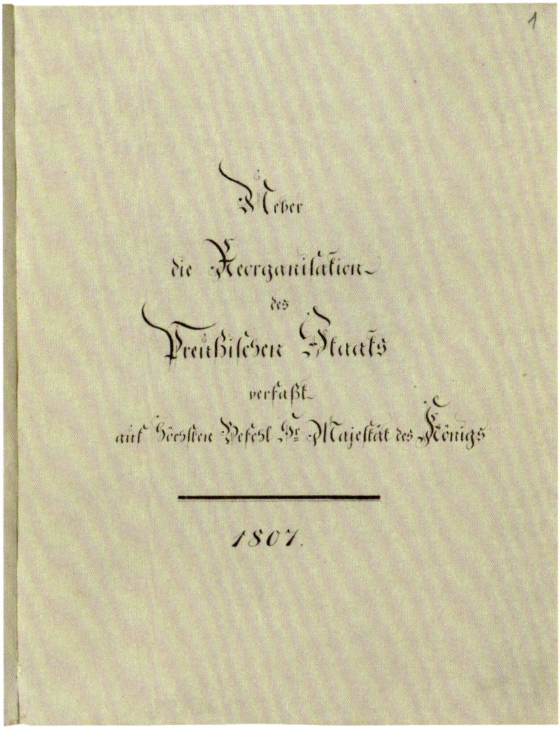

1

Ueber
die Reorganisation
des
Preußischen Staats
verfaßt
auf höchsten Befehl Sr. Majestät des Königs

1807.

Karl August Freiherr von Hardenberg (1750 – 1822), preußischer Außenminister und Staatskanzler, mit Stein der wichtigste Reformer während der Befreiungskriege, verfasste 1807 die Rigaer Denkschrift, »Ueber die Reorganisation des Preußischen Staats«.

An Frau v. Berg
K[önigsberg], den 27. Februar 1809

Bester Berg! Sie sind eine von den treuen Seelen, mit denen man rechnen kann im Leben und im Tod, die weder für Liebe und Freundschaft faseln noch erkalten, wenn alles nicht so gehet, wie unsere Wünsche es erzwingen möchten; deshalb lieb ich Sie, bester Berg, mit einer Zärtlichkeit und Wahrheit, die Sie verdienen. (...)
Sie waren ja hier, wie Stein fiel [Entlassung, November 1808], wie er so ganz unwürdig unterging. Sie wissen, wie mich das angriff, welchen Teil ich daran nahm, wie viele Angst ich wegen der Folgen ausstand, wie unzufrieden ich mit der Familie war. (...)
Übrigens, liebe Berg, so war ich denn in Petersburg, wie Sie aus meinem Journal gesehen haben werden, krank, tot gejagt und gehetzt. Interessant ist es dennoch, und der wahre Gewinn für mich ist, eine neue treue Freundin, die herrliche Kaiserin Elisabeth, erworben zu haben. Da die Zeit mir immer gebricht, ich sehr krank war seit meiner Zurückkunft und noch matt bin, so verspreche ich, alles, alles zu erzählen, denn ich kann nicht schreiben. In der Kirche war ich nicht in Petersburg, habe also auch keine geistlichen Lieder gesungen, auch nicht einmal: »Wie schön ...« Geistig ist man nicht sehr dort, aber recht materiell. Ich freue mich jetzt, daß ich nichts dorten ordentlich genoß, denn nun hab' ich keine Störung in meine ernsthafte Reflektionen gehabt. Ich bin

gekommen, wie ich gegangen, nichts blendet mich mehr, und ich sage Ihnen noch einmal: Mein Reich ist nicht von dieser Welt. Adieu, bester Berg, ganz die alte Freundin von Pyrmont und Königsberg, nur um 30 Jahr älter an Erfahrung aller Art. Gott schütze Sie und segne alles, was Ihnen lieb ist. Ihre

Luise

An den Freiherrn v. Hardenberg
Berlin, den 27. Januar 1810

Eine große Freude wurde mir zuteil, als ich Ihren Brief erhielt, mein lieber Herr von Hardenberg; die Fortdauer Ihres Gedenkens und Ihrer Freundschaft ist von sehr großem Wert für mich. Hätte ich Sie, statt eines Briefes, hier getroffen, so wäre meine Freude größer; denn meine Sorgen hätten sich sehr vermindert. Es ist eine der peinlichsten Bedingungen unserer gegenwärtigen Existenz, daß Sie dem König und der Politik fernbleiben müssen, und ich insbesondere wäre wahrhaft glücklich, Sie bei uns zu wissen, da ich Sie gründlich kenne und eine Freundschaft für Sie empfinde, die nur der Achtung gleichkommt, die Sie in jeder Hinsicht verdienen. Ich spreche zu Ihnen nicht von dem, was uns betrifft. Wir sind immer noch höchst unglücklich. Indessen ist das Leben hier in Berlin erträglicher als in Königsberg. Es ist wenigstens ein glänzendes Elend mit schönen Umgebungen, die einen zerstreuen, während es in Königsberg wirklich ein elendes Elend war. Erzählen Sie mir, bitte, von Ihren Plänen. Wären wir frei, und hätte ich Stimme im Kapitel, ich gestehe Ihnen offen, ich täte alles auf der Welt, um Pläne zu hintertreiben, die Sie von uns entfernen könnten.

Alles, was aus Ihrer Schule hervorgegangen, ist vollkommen. Nagler ist ein ausgezeichneter Mann, voll Geist und Vaterlandsliebe. Man sagt, daß der Minister Altenstein ein sehr großer Finanzmann sei, ich kann darüber nicht urteilen, aber er ist menschenfreundlich, gerecht, ein Mann ohne Schwierigkeiten, kurz, ich glaube, daß er recht auf seinem Platze ist. Indessen, die Erfahrung, diese große Lehrmeisterin, fehlt dem ganzen Ministerium von heute.

Leben Sie wohl, mein lieber Herr von Hardenberg, Gott segne Sie und gebe Ihnen unerschütterliche Gesundheit.

Ich bin Ihre Freundin

Luise

»Fürchte Dich nicht, ich sterbe nicht«

1809 – 1810

Luise, im Oktober von ihrem zehnten Kind entbunden, kehrte am 23. Dezember 1809 mit ihrer Familie nach Berlin zurück, feierte im März 1810 im Berliner Stadtschloss ihren 34. Geburtstag. Heinrich von Kleist überreichte ihr ein Sonett, dessen letzte Strophe lautet: »Dein Haupt scheint wie von Strahlen mir umschimmert; / Du bist der Stern, der voller Pracht erst flimmert, / Wenn er durch finstre Wetterwolken bricht!«

An ihren Sohn Kronprinzen Friedrich Wilhelm

Potsdam, den 26. April 1810

Die Kraft, Deine Wünsche zu unterdrücken, Deinen Leidenschaften zu widerstehen, fehlt Dir gänzlich und besonders dieser Punkt wurde ganz unzulässig in Deiner Erziehung vernachlässigt. Höre meine mütterliche Stimme, mein lieber Fritz; (…) zähme das jugendliche Feuer, mit dem Du alles, was Du möchtest, haben willst, und für alles, was Du Dir denkst, gleich die Mittel zur Verwirklichung verlangst. (…) Wirkliche Freiheit besteht nicht darin, daß man alles tut, was man kann, sondern daß man das Gute tut und was man als solches erkennt. Nur durch Überlegung wirst Du zur Erkenntnis kommen, was gut oder böse sei; nur durch Bändigung Deines Willens wirst Du zur Ausführung des Guten kommen, selbst wenn es mit Deinen Neigungen, Deinem Geschmack, Deiner Bequemlichkeit in Widerspruch steht; und Charakter haben heißt: Nach reiflicher Prüfung des Guten oder Bösen das ins Werk setzen, was man als das Gute erkennt, und alle Willenskraft daran setzen, um sich nicht durch die Leidenschaften abwenden zu lassen, die der höchsten Wahrheit des Guten widerstreben könnten.

Luise

Eigentlich sollte die erkrankte Königin wieder in dem von Hufeland empfohlenen Pyrmont kuren, aber schließlich wurde eine Reise nach Hohenzieritz, dem Sommersitz ihres Vaters im südlichen Mecklenburg, verabredet. Dort starb Luise an den Folgen einer Lungenentzündung am 19. Juli 1810.

Wilhelm Ternite, Königin Luise auf dem Totenbett, 1810, Pastell, ehem. Berlin, Kaiserliches Palais. Der König schrieb in seinem »Protokoll« unter dem Titel »Der Unglücklichste Tag meines Lebens«: »Ich that, so wie ein Jeder auch, mein möglichstes und hauchte fleißig in die Hände, um sie zu wärmen, ihre linke Hand behielt ich in der meinigen bis zu ihrem Ende (…) Gott schenke ihr jetzt ewiges Wohlergehen. Nun sind wir die Beklagungswürdigen, und mein Schmerz, wenn auch die Zeit ihn lindert, wird nie endigen.«

Theodor Fontane hat das Denkmal in seinen »Wanderungen« ausführlich beschrieben: Nach dem Tod der Königin wurde ihr Sarg (auf dem Weg von Hohenzieritz nach Berlin) in der Nacht vom 25. auf den 26. Juli unter großer Anteilnahme der Bevölkerung auf dem Marktplatz (heute Schinkelplatz) in Gransee aufgebahrt. Die Einweihung des Denkmals, ein Wunsch der dortigen Bürgerschaft, fand 1811 statt. Der König hatte es genehmigt, der Entwurf stammte von Karl Friedrich Schinkel: ein Reliquienschrein aus Eisen ohne Reliquie.

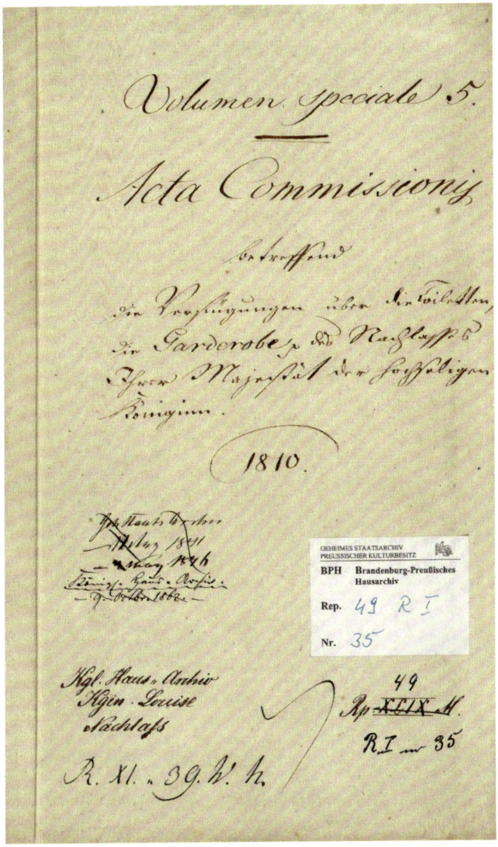

Im Geheimen Staatsarchiv hat sich auch ein Nachlassinventar der Königin erhalten. Es gibt Aufschluss über Luises Garderobe: Auf 35 Manuskriptseiten werden ihre Zobelpelze und Silberfuchs-Halskragen ebenso aufgeführt wie ihre Spenzer, Schals, Mützen und Kleider.

Das von Friedrich Wilhelm beauftragte Mausoleum für Luise, am Ende einer Tannenallee im Park von Schloss Charlottenburg gelegen, sollte weniger Ort der Trauer als ein Tempel zur Verehrung sein. Schinkel, fünf Jahre jünger als die »preußische Madonna«, war auch an diesem Denkmal beteiligt: »Man sollte sich in dieser Halle wohlbefinden.« Christian Daniel Rauch schuf für den Gedenkraum die eindrucksvolle Skulptur der liegenden Königin auf dem Marmorkenotaph. Die Särge der Königsfamilie befinden sich in der dem Publikum nicht zugänglichen Krypta.

Siegesmeldung nach der Schlacht bei Leipzig, Gemälde von Johann Peter Kraft: Nur drei Jahre nach Luises Tod veränderte sich das Kräfteverhältnis in Europa. Die napoleonischen Truppen erlitten in der Völkerschlacht bei Leipzig eine entscheidende Niederlage, ein erstes »Waterloo« für den sieggewohnten Kaiser und gleichzeitig der Vorabend der Restauration.

1876 wurden die Berliner zum 100. Geburtstag von Luise zu Spenden aufgerufen, am 10. März 1880 folgte mit Hilfe dieser Gelder die Enthüllung des Denkmals der Königin in Anwesenheit ihres Sohnes Wilhelm, seit 1871 deutscher Kaiser, und dessen Enkel, als Wilhelm II. letzter deutscher Kaiser. Die von den Hohenzollern geförderte Legendenbildung um Königin Luise erreichte ihren vorläufigen Höhepunkt.

Mythos Luise: Fritz Werners Gemälde von 1890 (rechts) zeigt die feierliche Einweihung des Luise-Denkmals im Berliner Tiergarten, es hängt heute in der Alten Nationalgalerie in Berlin.

An Frau v. Kleist
[Potsdam, 26. November 1801]

Von der gestrigen Abendunterhaltung könnte ich nicht dasselbe sagen, denn nachdem ich mich in mein Zimmer zurückgezogen hatte, war der König in der allerschlechtesten Laune, besonders deswegen, weil ich heute nach Berlin fahre. Ich gestehe Ihnen, wenn ich allein von der Partie gewesen wäre, würde ich darauf verzichtet haben, wirklich, obgleich ich sie harmlos finde und er noch dazu sie mir versprochen hat und mir Aufträge dafür gegeben hat. Ich sah ganz richtig, daß es nur schlechte Laune war, die ihn so reden und handeln ließ, und das schnitt mir ins Herz, denn ich verdiene sie nicht. Diese Jeanne d'Arc macht mir keine Freude, denn sie kostet mich Tränen –

Die Tage folgen sich, doch sie gleichen sich nicht; Gott, das ist wirklich wahr. Denken Sie sich, als ich abends von Ihrer Wohnung zurückkam, las ich meinem Mann »von den 4 Jahreszeiten der Liebe« vor; beim Lesen unterbrach er mich und machte die für mich so wichtige und wohltuende Bemerkung, daß Jean Paul zu schnell über den Sommer der Liebe hinweggegangen sei. – Als ich geendet hatte, sah ich, daß er gerührt war, und an seinem Halse weinte ich Tränen der Freude und Dankbarkeit, daß unsere Herzen so ähnlich denen waren, die Jean Paul beschrieb, und ich war den ganzen Abend glücklich; warum ist das nicht immer so? Sicherlich hatte ich gestern abend unrecht, denn als ich ihm gute Nacht sagte, war ich kalt und innerlich ärgerlich, aber, großer Gott, ich bin kein Engel, sondern eine Frau und durch meine Natur schwach.

Luise

Memorialkästchen aus Holz und Glas aus dem Besitz Friedrich Wilhelms mit einer Haarlocke und einem Kamm Luises. 1810 verfasste er »Vom Leben und Sterben der Königin Luise, eigenhändige Aufzeichnungen ihres Gemahls Friedrich Wilhelm III.«, er stiftete den Luisenorden und das Eiserne Kreuz (das er Luise posthum als Erster verlieh), die Familie traf sich regelmäßig zu Gedenkveranstaltungen in Paretz oder im Charlottenburger Mausoleum. Erst vierzehn Jahre später heiratete der König noch einmal.

Literaturhinweis

Paul Bailleu, Königin Luise. Ein Lebensbild, Berlin/Leipzig 1908

Briefwechsel der Königin Luise mit ihrem Gemahl Friedrich Wilhelm III. 1793 – 1810, herausgegeben von Karl Griewank, Leipzig 1929

Günter de Bruyn, Preußens Luise. Vom Entstehen und Vergehen einer Legende, Berlin 2002

Deutschland unter Napoleon in Augenzeugenberichten, herausgegeben von Eckart Kleßmann, München 1965

Die Königin Luise in 50 Bildern für Jung und Alt von Carl Röchling, Richard Knötel, Woldemar Friedrich, Nachwort von Sibylle Wirsing, Berlin/ Darmstadt 1981 (Nachdruck der 1896 zuerst erschienenen Ausgabe von Paul Kittel, Berlin)

Friedrich Wilhelm III., Vom Leben und Sterben der Königin Luise. Eigenhändige Aufzeichnungen ihres Gemahls König Friedrich Wilhelms III., mitgeteilt und erläutert von Heinrich Otto Meisner, Berlin/Leipzig 1926

Georg Horn, Das Buch von der Königin Luise, fünfte, neu bearbeitete Ausgabe, Berlin 1896

In stiller Begeisterung: Johann Gottfried Schadow, Königin Luise in Zeichnungen und Bildwerken, Katalog der Ausstellung in Paretz 1993, Potsdam 1993

Karl Griewank, Königin Luise. Ein Leben in Briefen, Leipzig 1943

Eckart Kleßmann, Prinz Louis Ferdinand von Preußen. Soldat – Musiker – Idol, überarbeitete Ausgabe, München 1995

Königin Luise von Preußen, Briefe und Aufzeichnungen 1786 – 1810, herausgegeben von Malve Gräfin Rothkirch, mit einer Einleitung von Hartmut Boockmann, München 1985

Heinz Ohff, Ein Stern in Wetterwolken: Königin Luise von Preußen. Eine Biographie, München/Zürich 1994

Preußens Frauenzimmer, herausgegeben von Ursula Röper, Katalog der Ausstellung im Kloster-Stift zum Heiligengrabe 2001, Berlin 2001

Luise. Die Kleider der Königin, herausgegeben von der Stiftung Preußische Schlösser und Gärten Berlin-Brandenburg, bearbeitet von Bärbel Hedinger, Adelheid Schendel und Stefan Schimmel, Katalog zur Ausstellung in Paretz 2010, München 2010

Luise Fürstin Radziwill, Fünfundvierzig Jahre aus meinem Leben, Braunschweig 1912

Luise Schorn-Schütte, Königin Luise. Leben und Legende, München 2003

Johannes Thiele, Luise Königin von Preußen. Das Buch ihres Lebens, München 2003

Sophie Marie Gräfin von Voß, »Neunundsechzig Jahre am preußischen Hof«, Leipzig 1867

Bildnachweis

Akademie der Künste, Berlin: Seite 39 (Kunstsammlung, Inventarnummer: Schadow 461, Fotograf: Roman März)
akg-images, Berlin: 38, 82
bpk, Berlin: 17, 21, 83, 84, 86/87, 95, 96 (Lutz Braun); Eigentum des Hauses Hohenzollern: 65; Geheimes Staatsarchiv, SPK: 58, 94, 97, 109; Kunstbibliothek, SMB: 85 (Knud Petersen); Kunstgewerbemuseum, SMB: 37, 79, 116 (Saturia Linke); Kupferstichkabinett, SMB: 35 (Jörg P. Anders); Nationalgalerie, SMB: 54 (Karin März), 113 (Andres Kilger); RMN – Grand Palais: 90/91 (Franck Raux); Staatsbibliothek zu Berlin: 32; Stiftung Preußische Schlösser und Gärten Berlin-Brandenburg: 42, 43, 59 (Hans Bach)
Deutsches Historisches Museum, Berlin: 111
KPM Königliche Porzellan-Manufaktur Berlin: 6, 26, 46, 72, 102
Jürgen Liepe, Berlin: 108, 112; Königin-Luise-Gedenkstätte Hohenzieritz/Schlossverein Hohenzieritz e.V.: 106
Stadtmuseum Hildburghausen: 19
Stadtmuseum Neustrelitz: 69
Stiftung Preußische Schlösser und Gärten Berlin-Brandenburg, Potsdam: 20 (Jörg P. Anders), 29 (Daniel Lindner, Wolfgang Pfauder), 34 (Roland Handrick), 44 (Daniel Lindner), 45 (Wolfgang Pfauder), 51, 55, 56/57 (Roland Handrick), 62, 63 (Roland Rossner), 64 (Hans-Joachim Bartsch), 67, 68 (Daniel Lindner), 76/77 (Roland Handrick), 110 (Hans Bach)
Thurn und Taxis Museen, Regensburg: 25

Alle weiteren Abbildungen stammen aus dem Archiv des Herausgebers oder des Insel Verlags.

Inhalt

Bezugspapier: Tuchfragmente mit Stickerei und Tressenbesatz (Ausschnitt), um 1810/1863. © Evangelische Kirchengemeinde Paretz. Gesetzt in der Schrift Swift Neue LT. Gedruckt auf holzfreies, alterungsbeständiges mattgestrichenes Papier der Papier Union, Hamburg, von der Memminger MedienCentrum AG. Gebunden in Fadenheftung von der Buchbinderei Spinner, Ottersweier. Printed in Germany
ISBN 978-3-458-20019-2